Couvertures supérieure et inférieure
manquantes

NOTICE

SUR

L'ÉGLISE SAINT-HIPPOLYTE

NOTICE

SUR

L'ÉGLISE SAINT-HIPPOLYTE

A PARIS

PAR

M. Aglaüs BOUVENNE

Membre de la Société française d'Archéologie
et de celles de Laon et de Soissons.

TOULOUSE

IMPRIMERIE CAILLOL ET BAYLAC

Rue de la Pomme, 34.

—

1866

NOTICE

SUR

L'ÉGLISE SAINT-HIPPOLYTE

A PARIS

Il y a cinq ans, nous avons publié, dans la *Revue de l'Art Chrétien*, une note accompagnant un dessin des ruines de l'église Saint-Hippolyte ; nous avions pour ainsi dire retrouvé cette église et nous en étions d'autant plus heureux que peu de personnes se doutaient qu'il en restât même quelque chose.

Après bien de recherches, après avoir vu et consulté bien des amateurs spéciaux sur le vieux Paris, aucune reproduction de l'église Saint-Hippolyte n'a pu nous être montrée ni même signalée ; nous pouvons donc presque affirmer qu'elle n'a jamais été dessinée, et que la gravure que nous avons faite pour notre premier travail est la seule publiée jusqu'à ce jour. Cette absence d'aucune reproduction est inexplicable, car on a plusieurs fois gravé des monuments bien moins intéressants.

L'église Saint-Hippolyte est située dans l'ancien douzième arrondissement ; comme beaucoup d'autres, même Notre-Dame de Paris, elle ne fut d'abord qu'une simple chapelle. On n'a que des données peu certaines sur l'époque de sa construction ainsi que sur celle de son érection en paroisse. Tout ce qu'on sait, c'est qu'elle dépendait du chapitre de Saint Marcel; il en est fait mention dans une bulle d'Adrien IV, du 26 juin 1158, et on attribue le nom quelle porte à la dévotion toute particulière que le bon roi Robert avait pour saint Hippolyte, martyrisé à Rome en 244, sous l'empereur Dèce, le treizième jour d'août.

En 713, le corps de saint Hippolyte fut transféré à Saint-Denis, et le pieux roi ne manquait jamais d'aller chaque année assister à l'office qu'on y disait en l'honneur du saint; Robert obtint du Chapitre de Saint-Denis, que les reliques du Martyr seraient transférées en grande pompe dans l'église placée sous son vocable.

Saint-Hippolyte ne fut érigée en paroisse qu'à l'époque où l'on construisit l'église Saint-Marcel, c'est-à-dire au xiiie siècle.

Le village, au milieu duquel elle était construite, devenant considérable, on lui donna le nom de bourg et on le sépara de celui de saint Marcel. Ce qui prouverait cette assertion, c'est que l'an 1220, le curé de Saint-Hippolyte nommait alternativement avec le chapitre de Saint-Benoît à la cure de Saint-Jacques du Haut-Pas.

Les reliques de saint Hippolyte ayant été perdues on ne sait trop dans quelles circonstances, il en fut obtenu d'autres le 6 décembre 1662, Jean Havel étant prieur de Saint-Denis; elles furent exposées le 24 juin 1664, avec la permission de l'archevêque de Paris.

En 816, lors de la fameuse peste qui désolait Paris, les religieux de Saint-Denis, et un grand concours de peuple, firent pied nus une procession, où la chasse de saint Hippolyte fut portée; ceci se passait le 12 mai, et la peste cessa peu de temps après. La chasse en cuivre doré étant placée sur quatre piliers dans la chapelle.

En 1560, le clergé de Saint-Hippolyte et celui de Saint-Marcel, faisaient aussi une autre procession à saint Médard, en expiation du sacrilége que les calvinistes avaient commis en brisant une figure de Jésus-Christ, qui se trouvait au-dessus de la porte de l'hôpital de l'Ourcine. Jean Marcau, sous-chantre et chanoine de Notre-Dame, mit une autre image par ordre d'Eustache du Bellay, archevêque de Paris.

Nous ne possédons aucun détail concernant la chapelle du xiie siècle. Sauf la nef, l'église fut presque complètement reconstruite au commencement du xvie siècle, le sanctuaire était plus récent et d'une construction peu régulière.

On voyait jadis entre le chœur et le sanctuaire des tombes des xiie et xiiie siècles.

Le maître autel, construit sur les dessins du célèbre Lebrun, fut exécuté aux frais des paroissiens. Il était surmonté d'un tableau du même peintre, représentant l'apothéose de saint Hippolyte. C'est d'après ces dessins que furent exécutées les deux figures d'anges dans l'attitude de l'adoration qui se trouvaient sur le maître autel. Il y avait aussi deux tableaux de Lesueur, dont les sujets ne nous sont pas connus. La chapelle de la Communion possédait aussi un tableau de Lebrun.

Au-dessus des arcades, on voyait dix grands tableaux d'environ dix pieds de haut sur huit de large, représentant pour la plupart des sujets tirés de la vie de saint Hippolyte ; ces toiles étaient de différents peintres parmi lesquels on citait : Boisat, Briard et Challes qui, ainsi que son frère le sculpteur, étaient de l'Académie.

Le tableau de Challes, un des plus remarquables, représentait saint Hippolyte dans sa prison, visité par le clergé de Rome, qui vient l'encourager au martyre.

La plupart de ces tableaux étaient dus à la munificence des

paroissiens (1) et de M. de Julienne (2), qui avec l'abbé de Lawendal, frère du maréchal de France et doyen du chapitre, contribua le plus à l'embellissement de l'église.

En 1765, le mobilier n'avait pas encore beaucoup souffert; les piliers de l'intérieur de la nef étaient encore revêtus de menuiserie, la chaire était due au ciseau de Challes, frère du peintre, le même qui a dessiné et sculpté celle de Saint-Roch.

Elle était remarquable. Les panneaux qui la décoraient représentaient des trophées : Sur celui du milieu on voyait l'Evangile triomphant, et, entre les consoles, le serpent de l'hérésie terrassé; sur les côtés se trouvaient la Foi et l'Espérance. Le plafond de l'abat-voix était orné d'une gloire.

De l'église et des richesses quelle renfermait, il ne reste que le fragment que nous donnons aujourd'hui. Il consiste en une partie du bas-côté qui se composait de six travées; les trois ogives représentées sur notre dessin devaient former le chœur; la partie qui se trouve entre le pilier en forme de tourelles et

(1) Lebrun, était paroissien de Saint-Hippolyte, comme directeur de la manufacture royale des Gobelins. Son hôtel de la rue Saint-Victor, était sur la paroisse Saint-Nicolas du Chardonnet, il profitait de cette concurrence, pour tenir en bride les deux curés, favorisant l'un ou l'autre suivant les circonstances. Il contribua beaucoup à la décoration de la paroisse Saint-Hippolyte, dont il aurait été, dit-on, l'architecte.

(2) Jean de Julienne, l'un des plus illustres amateurs du xviiie siècle, était neveu et héritier de François de Julienne, propriétaire de la manufacture de draps écarlates des Gobelins, fondée par le hollandais Jean Gluck, en 1667; établissement privé, qu'il ne faut pas confondre avec une direction de la manufacture royale des Gobelins, et qui était située rue de la reine Blanche et rue Mouffetard, aujourd'hui n° 259; il avait en outre des ateliers rue des Gobelins, n° 3.

La galerie qui abritait la magnifique collection de tableaux de M. de Julienne, ami de Vatteau, et acquéreur de la plus grande partie des œuvres de ce maître, existe encore, paraît-il, et est occupée par une fabrique de châles.

(Communication de M. Jules Cousin, sous-bibliothécaire à l'Arsenal.)

l'ogive de construction moderne, devaient former la sixième travée.

Les deux chapiteaux qui restent intacts, présentent bien l'époque du commencement du XVIe siècle ainsi que le pilier formant la sixième travée dont la forme ferait penser à une tourelle, chose inadmissible. Cette construction étant pleine ne peut faire supposer qu'elle ait jamais pu renfermer un escalier.

Cependant pourquoi ce couronnement en forme de poivrière ? A notre avis, il sera fort difficile de déterminer au juste l'origine de ce pilier et ce à quoi il pouvait servir.

Ce qui reste de l'église étant si peu important, et l'église ayant été remaniée au XVIIIe siècle, ce que nous avons pu étudier ne peut que laisser le champ ouvert aux conjectures.

L'église au XVIIIe siècle devait être d'une grande importance, si nous en jugeons par le dessin qu'en a donné Louis Brety, dans son magnifique plan improprement appelé plan de Turgot, par les restes que nous avons dessiné et par les fragments du portail que nous avons retrouvés enclavés dans le mur qui fait bordure sur la rue des Marmouzets.

A notre dernière visite à Saint-Hippolyte, nous avons vu une chapelle ronde décorée dans le style du XVIIIe siècle, qui reçoit le jour par deux grandes fenêtres. Dans l'espace laissé libre entre les fenêtres, se trouve simulée une *colonne carrée applatie*, armée d'un chapiteau au dessus duquel règne une corniche qui sert de soutien à la coupole.

Il est difficile de déterminer d'une manière exacte, l'emploi de cette chapelle; était-ce même une chapelle ? N'était-ce pas plutôt une salle servant d'abri au tombeau d'un des bienfaiteurs? Soit le tombeau de Manin de Neubourg, prêtre de Saint-Hippolyte, ou celui de l'abbé de Lowendal? L'état de délabrement dans lequel tout est laissé, le sol qui a été surélevé de beaucoup, ne peuvent que laisser faire des suppositions.

En poussant nos investigations plus loin, nous avons trouvé

deux caveaux qui devaient être vraisemblablement au-dessous du chœur ; dans le premier nous avons vu, pris dans la maçonnerie, sans doute au moment où les constructions ont été entreprises au xviii° siècle, un tombeau en pierre avec son couvercle. Comme il était impossible de l'ouvrir par le couvercle à cause des constructions qui étaient venues se lier aux anciennes fondations, on a dû en briser un des côtés, celui près de la tête, afin de s'assurer si ce tombeau n'avait pas été violé.

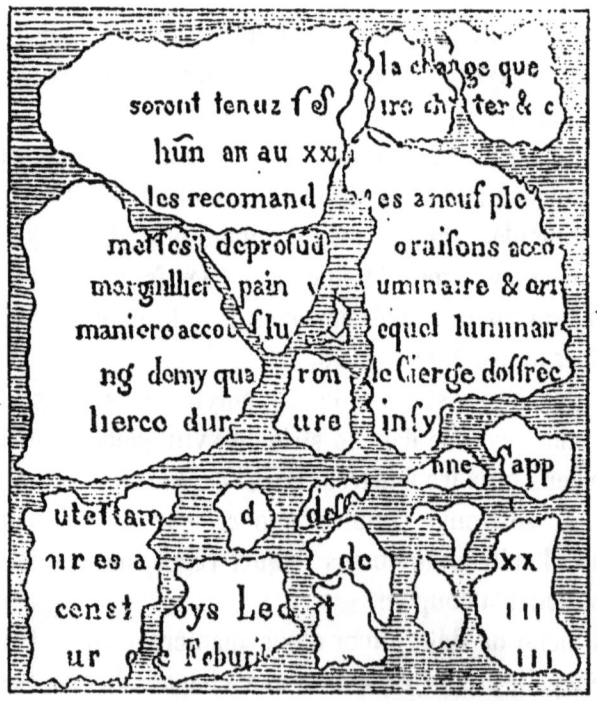

Nous avons appris qu'on y avait trouvé un squelette dont les restes de vêtements firent connaître que c'était la sépulture d'un ecclésiastique ; nous n'avons pu voir aucun de ces fragments ; appartenaient-ils seulement à un prêtre ou à quelque grand dignitaire de l'Eglise ?

Dans le second caveau nous n'avons trouvé qu'une croix en plâtre, faite à même le mur avec la date de 1758.

En remontant de ces caveaux, nous avons remarqué à nos pieds, une pierre de fondation qui malheureusement ne nous donne aucun détail nouveau ; le nom propre, la date qui auraient pu avoir quelques intérêts, ont été effacées ou brisées. Malgré la détérrioration de cette inscription, nous en avons fait un estompage que nous reproduisons ci-dessus.

Ce qui reste aujourd'hui de plus curieux de l'église Saint-Hippolyte, est, sans contredit, la frise qui se trouve autour du gros pilier dont nous donnons le développement.

Le Moyen-âge fut très prodigue de ce genre de sujets qui nous étonnent aujourd'hui ; il faut se rapporter à l'époque où ils ont été faits. Les idées, l'esprit n'étant pas les mêmes, ce qui aujourd'hui nous paraît obscène était alors un enseignement pour les masses ; ne trouvons-nous pas souvent dans les cathédrales exposées à nos yeux, des sujets dont nous ne comprenons pas toujours le sens ?

Les sculpteurs, en mettant sous nos yeux les vices et les vertus, avaient l'intention de nous montrer quelle route nous devions suivre dans la vie.

Au Moyen-âge, le portail de l'Eglise était le livre du peuple, le livre de Pierre où il pouvait s'instruire.

L'éducation religieuse, la seule que l'on avait à cette époque, ferait supposer que l'iconographie, les légendes, étaient familières à presque tous. N'était-ce pas la meilleure manière de réprimer les vices de ses contemporains et de rendre honteux ceux qui les avaient que de les sculpter sur la pierre afin que le châtiment fut éternel ? C'est probablement pour cela que nous trouvons beaucoup de ces sujets qui nous font détourner la tête.

S'ils ne se trouvaient que sur des monuments civils, comme au château de Blois, à l'hôtel de ville de Compiègne, etc., etc., on pourrait croire à la fantaisie de l'artiste, mais dans la maison de Dieu toute idée de fantaisie doit être exclue, le clergé veillant toujours à la construction de ses églises l'aurait-il permis, s'il eût supposé entretenir le vice, au lieu de le punir?

Le sujet de la frise qui nous occupe en ce moment commence par deux animaux que nous croyons être deux lions, deux figures de démons se poursuivent ; le premier saisit les pieds du second qui a la tête couverte d'un long bonnet dont l'extrémité a la forme d'un énorme bec d'oiseau qui cherche à lui échapper, en se tournant il lui montre ce que l'on cache ordinairement; ce qu'il lui fait voir de la main semble faire comprendre les poursuites du premier. Il serait difficile de douter de l'intention du sculpteur, en voyant combien les parties sexuelles ont été faites avec soin et mises en évidence afin d'attirer les regards. Le premier personnage qui retient l'autre par le pied, tient à la main un objet dont on ne peut guère déterminer la forme.

M. Eug. Grésy a communiqué à la Société des antiquaires de France, (année 1860), dans le bulletin du quatrième trimestre page 161, une note sur la frise que nous décrivons : Laissons-le parler:

« Vous y remarquez un enfant ailé dont la figure exprime l'impatience, il est à la poursuite d'un petit démon qu'il saisit d'une main par le pied et que de l'autre il menace d'un objet qui pourrait être un phallus; l'esprit de ténèbres me paraît bien caractérisé par les ailes de chauve-souris, et par sa coiffure grotesque en forme d'éteignoir; par contraste, sur tous les traits de son visage règne un sourire sardonique. »

Dans la description des Stalles de Bourg-Achard, canton de Pont (Ardennes), dont le sujet me paraît avoir une analogie frappante avec celui de Saint-Hippolyte, les postures et les attributs sont, à peu de chose près les mêmes, ici le démon accroupi se reconnaît à sa tête cornue, et l'autre personnage est une jeune fille échevelée.

« Doit-on voir dans ces représentations une personnification de la luxure? Je suis porté à le croire, car l'archéologie chrétienne a eu souvent l'occasion de signaler des représentations des péchés capitaux dans un style tout aussi obscène et notamment dans les célèbres sculptures de l'abbaye de Moissac.

Le sculpteur, en prenant pour ce sujet les démons de la nuit, aux ailes de chauves-souris, n'a-t-il pas voulu châtier un vice qu'on n'ose nommer, et faire penser que ceux emparés de ces débordements ne devaient se faire voir que la nuit pour se cacher aux yeux du monde. N'est-ce pas le péché de Sodome?

Ne trouverait-on pas la contre-partie de ce sujet, dans les deux animaux par lesquels le sculpteur a eu l'heureuse idée de commencer son sujet. N'est-ce pas l'amour du mâle pour sa femelle? En commençant son sujet par les animaux, n'a-t-il pas voulu donner une leçon à l'homme?

Bien des erreurs s'étaient glissées dans notre premier travail, nous sommes heureux de l'hospitalité que veut bien nous donner M. Coustou, dans le *Moniteur de l'Archéologue*, en nous mettant à même de rectifier plusieurs fausses attributions et de donner de nouveaux détails. Peut-être serons-nous assez heureux dans l'avenir pour faire de nouvelles découvertes.

Nous avons en quelque sorte posé la première pierre de la réédification de cette église; d'autres viendront peut-être par de nouveaux faits faciliter un travail plus complet sur Saint-Hippolyte.

Nous nous considérerons alors récompensés du mal que nous nous serons donné en sortant de l'oubli un monument curieux à plusieurs titres.

L'église Saint-Hippolyte est aujourd'hui la propriété de la famille Leven, dont l'obligeance et la courtoisie à notre égard exigent tous nos remerciments. Aussi est-ce plein de confiance que nous dirons à ceux qui comme nous voudraient adresser un dernier adieu à ces ruines: frappez à la porte du n° 5, rue Saint-Hippolyte, et vous éprouverez certainement le même plaisir que nous avons eu la première fois qu'il nous a été donné d'admirer ces précieux souvenirs d'une époque dont les monuments deviennent de plus en plus rares.

Imp. Caillol et Baylac, rue de la Pomme, 34.

www.ingramcontent.com/pod-product-compliance
Lightning Source LLC
Chambersburg PA
CBHW061613040426
42450CB00010B/2461